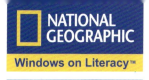

太空探秘

How We Learn About Space

[美] Andrew Einspruch　Marianne Morrison 著

张　娜 译

著作权合同登记　图字：01-2006-2052

图书在版编目（CIP）数据

太空探秘／（美）艾因斯普鲁奇（Einspruch, A.）等著；张娜 译.—北京：北京大学出版社，2006.4
（国家地理学生主题阅读训练丛书·中文翻译版）

ISBN 7-301-08567-2

Ⅰ．太… Ⅱ．①艾… ②张… Ⅲ．阅读教学—中小学—课外读物 Ⅳ．G634.413

中国版本图书馆CIP数据核字（2005）第153507号

图片来源（Picture Credits）：

Cover: Photolibrary.com.

Section 1 Crittercam 1, 3(r), Photolibrary.com; 3(l), 5, 7, 8, 9, 10, 11, 12, 13, 14, 15, 72(l), National Geographic Television; 4(r), Austral International Press Agency; 16, photodisc; **Section 2 How We Learn About Space** 21, 23, 25(inset), 17, 28(t), 30(b), 31, Photolibrary.com; 19(b), heading 19, 20, 24, 26, 30, 32, Photodisc; 20(l), Comstock; 20(r), Getty Images; 22, 27, 29(t), Digital Vision; 24(b), Bettmann; 24, 30, 32(b), 72(r), Australian Picture Library; 25, 26(b), 28(r), 29(b), 31(t), 75, N.A.S.A. **Section 3 Making Special Effects** 37(t), 33, 36, 45, Austral International Press Agency; 41(l) , Magnum Photos; 47(b), Photodisc; 35, 73(t), Getty Images; 37(b), 38(main), 41(r), 43, 48, 76, The Kobal Collection; 38(inset), 40(b), 40(t), AP; 39(main), 39(inset), 42, APL/Corbis Sygma; ©Touhig Sion; 44(t), 46, Corbis; 44(b), Complete Post, Melbourne Australia/Working Title Films, Australia; 47(t), Soundfirm Melbourne/Foley Artist Gerry Long; **Section 4 Divers of the Deep Sea** 56, 57, 60-61, 62, 63, 64-65, 66, 67, 68-69, 73(b), NGS Image Collection; 50, 55, 64(t), Getty Images; 58, 59, Al Giddings Images Inc; 61(inset l), 63(inset l), Auscape; 61 (inset r), Australian Museum; 69(inset r), Australian Picture Library; 69(inset l) Woods Hole Institute.Illustrated by Levent Efe, CMI (52-53) and Dimitrios Prokopis (54, 70,71)

《国家地理学生主题阅读训练丛书》（中文翻译版）由美国北极星传媒有限公司授权，并与君红阅读（北京）出版咨询有限公司共同策划。

书　　　　名：	太空探秘
著作责任者：	[美] Andrew Einspruch　Marianne Morrison 著　张娜 译
责 任 编 辑：	黄瑞明　杨金良
标 准 书 号：	ISBN 7-301-08567-2/G・1420
出 版 发 行：	北京大学出版社
地　　　　址：	北京市海淀区成府路205号　100871
网　　　　址：	http://cbs.pku.edu.cn
电　　　　话：	邮购部 62752015　发行部 62750672　编辑部 62765014
电 子 信 箱：	zbing@pup.pku.edu.cn
设 计 制 作：	北极星-君红阅读・黄伟
印　刷　者：	北京大学印刷厂
经　销　者：	新华书店
	787毫米×1092毫米　16开本　5印张
	2006年4月第1版　2006年4月第1次印刷
定　　　价：	16.80元

未经许可，不得以任何方式复制或抄袭本书之部分或全部内容

版权所有，翻版必究

目录

动物摄影师

- 阅读目标 ····················· 6
- 动物摄像机 ················· 7
- 制作动物摄像机 ··········· 9
- 企鹅摄像机 ················· 12
- 鲸摄像机 ····················· 14
- 狮子摄像机 ················· 15
- 探索无限 ····················· 16

太空探秘

- 阅读目标 ····················· 18
- 太空中有什么？ ··········· 19
- 望远镜 ························ 20
- 人类遨游太空 ·············· 24
- 宇宙空间站 ················· 26
- 太空探测器 ················· 30
- 展望未来 ····················· 32

电影特效制作

阅读目标 …………………… 34
- 魔幻世界 …………………… 35
- 视觉特效 …………………… 36
- 电脑特效 …………………… 44
- 声音特效 …………………… 46
- 一流的特效 ………………… 48

深海潜水员

阅读目标 …………………… 50
- 海洋 ………………………… 51
- 越潜越深的潜水员 ………… 54
- 越潜越深的潜水器 ………… 62
- 艇式潜水器 ………………… 66
- 深海潜水简史 ……………… 70

活动空间

- 读图思考 …………………… 72
- 阅读训练 …………………… 74
- 写一篇目击报道 …………… 78
- 家长评估表 ………………… 79

索引 …………………………… 80

动物摄影师

动物摄像机是由海洋生物学家葛瑞·马歇尔发明的研究工具，用以追踪野生动物的行踪。在无干扰的情况下，动物摄像机会记录下动物的声音、图像及环境数据资料。几年来，马歇尔和他的科学探险队共同协作研究海洋生物。最近，一个为陆生动物设计的动物摄像机成功地安装在非洲狮和灰熊的身上。

动物摄影师

—— Andrew Einspruch

阅读目标

能力训练
- 写篇短文，说明动物摄像机的功能
- 描述不同动物摄像机的特殊构造
- 回答有关动物摄像机的问题

知识积累
- 了确科学家是如何研究动物行为的
- 了解不同动物的行为特征

动物摄像机

你想象过野生动物的生活吗？动物们眼中的世界到底是一番什么景象呢？利用动物摄像机可以帮助我们寻找到答案。"动物摄像机"是科学家安装或固定在动物身上的一种特殊摄像机。通过这种动物摄像机，我们可以跟踪拍摄动物的生活细节。

▼ 这只海豹的背上装有一部动物摄像机。

科学家把动物摄像机安装在动物的身体上,然后,将动物放归大自然,摄像机便会把动物的生活情况完整地记录下来。

动物摄像机可以拍摄到鲸潜入深海的全过程,也可以拍摄到群狮猎食的紧张场景,通过企鹅身上背着的动物摄像机,我们可以看到企鹅在冰天雪地的环境中生存的真实画面。通过把动物摄像机安装在海豹身上,科学家能够了解海豹在水下生活的情况。

▼ 用动物摄像机拍摄的海洋中的海豹。

制作动物摄像机

每一部动物摄像机都是为携带机器的动物所特制的。因为要将摄像机安装在动物身上,所以,摄像机必须牢固可靠。同时,摄像机还必须具有防水功能,因为它有可能会随动物潜入海洋或跨越河流。

为了获得动物生活的真实数据,科学家不但要确保摄像机不会伤害到动物,而且还要保证摄像机不会影响他们的正常生活。如果摄像机影响到动物,所拍摄到的动物行为就不会那么真实可靠了。

▲ 企鹅对自己身上背的摄像机好像并不在意。

▼ 动物摄像机的结构图

安装动物摄像机

研究的动物不同，科学家固定摄像机的方法也不相同。例如，科学家用吸盘把摄像机固定在鲸身上；他们用另一种特殊装置把摄像机固定在企鹅身上，这个装置看起来像是一个背包。

> **吸盘**
> 利用电磁吸力或真空吸力吸取物件的盘状装置。

▼ 具有吸盘装置的动物摄像机被装在海洋生物的身上。

▲ 鲸携带着具有吸盘装置的动物摄像机。

吸盘

▲ 科学家取回从海洋动物身上脱落的动物摄像机。

去除动物摄像机

根据设计，在一定时间后，动物摄像机会自动从动物身上脱落下来。脱落后的摄像机会发射信号，科学家通过信号便能寻找到摄像机。科学家收回这些动物摄像机后，会仔细分析摄像机所记录下来的动物行为资料。

企鹅摄像机

科学家将企鹅摄像机安装在企鹅身上,摄像机便可以记录下企鹅在冰雪世界的全部生活。摄像机还拍摄到了企鹅在冰冻的南极海洋中游泳的画面。

科学家了解到,企鹅潜水的目的并不总是为了捉鱼。有时候,它们潜下水去是为了向上看,这样会看到白色冰冻层的底部。在白色背景的衬托下,企鹅很容易发现鱼。

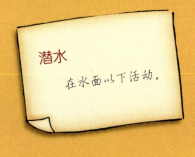

南极
地轴的南端,南半球的顶点。

潜水
在水面以下活动。

▼ 摄像机显示了企鹅在海水中所看到的冰层的样子。

"北大杯"中小学生作文写作大赛

为了贯彻新课标精神,培养中小学生对科学与社会问题的研究兴趣和研究能力,从小训练写作功底、成为适应全球化社会的精英人才,欢迎全国中小学生参加"北大杯"作文写作大赛。

写作主题、体裁

请从《国家地理阅读与写作训练丛书》(北京大学出版社,2005年出版)、《国家地理学生主题阅读训练丛书》(北京大学出版社,2006年出版)中任选主题、体裁。

参赛对象

全国各省、自治区、直辖市小学生及初中学生。

参赛时间

2006年5月1日—2007年3月1日(以当地邮戳或发信日期为准)。

参赛指导

为了指导学生更好地参与本次大赛,并真正达到大赛的举办宗旨,组委会特将北京大学出版社出版的《国家地理阅读与写作训练丛书》、《国家地理学生主题阅读训练丛书》指定为大赛写作指导用书。

参赛办法

1. 本次大赛不收参赛费。
2. 本次大赛欢迎参赛者进行多种主题和体裁的尝试,即每个参赛者的参选文章数目不限,但每个参赛者所选择的主题和体裁不得有重复。
3. 每篇参赛文章必须注明写作中参考的书目,不注明参考文献或参考文献写作不规范的参赛文章将不被列入评审。参考书目的写作格式举例如下:(美)Ashley, M.著、张扬译:《利用地球资源》,北京大学出版社,2005年。
4. 写作字数:小学组参赛学生2000字以内,中学组参赛学生3000字以内。图片短文的文字不超过500字,图片需要由参赛者自己拍摄,不得使用其他的图片来源。
5. 参赛作文请寄至大赛组委会,地址:北京市朝阳区北辰西路68号峻峰华亭D座2005,邮编:100029。欢迎各县市区教研室、学校集体参赛。
6. 来稿务请注明:姓名、年龄、就读学校、年级、联系方式(邮编/电话等)

奖项设置

大赛特设"参赛选手奖"、"指导教师奖"若干名。

请访问北大网站:http://cbs.pku.edu.cn ,http://www.pupbook.com 了解更多参赛信息。

北京大学出版社

外语编辑室电话:010-62767347　市场营销部电话:010-62750672

◀ 企鹅潜入一个冰窟窿。

▲ 企鹅冲向冰面捉鱼。

鲸摄像机

科学家小心地接近一头鲸，为的是将动物摄像机安装在它的身上。

科学家把摄像机安装在抹香鲸身上。摄像机随抹香鲸潜入漆黑、冰冷的海洋深处。

用于研究鲸的摄像机安装有"头灯"，这样，在黑暗中摄像机也能工作。这种摄像机不但能录音，而且还能够测量鲸下潜的深度。

科学家已经探测到抹香鲸通过"滴答"声、"嘎吱"声以及"隆隆"声进行交流。科学家还观察到，鲸经常互相摩擦身体，甚至磨掉部分表皮。据研究分析，这也许是鲸相互清洁的一种方式。

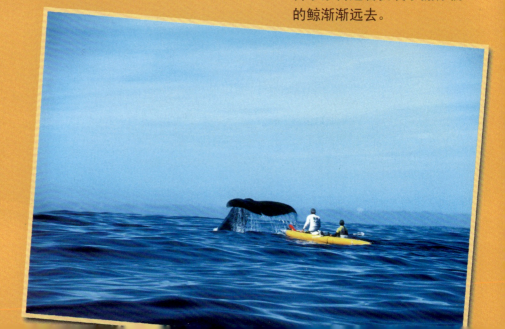
科学家目送着安装了摄像机的鲸渐渐远去。

狮子摄像机

狮子是第一个携带摄像机的陆地野生动物。科学家们把摄像机戴在狮子的脖子上，随后，通过摄像机，便可观察到一群狮子在一起猎食的情景。

科学家不知道如何确保安装在狮子身上的摄像机镜头的清洁，而狮子帮助他们解决了这一个难题。狮子互相舔舐的同时，也顺便舔干净了摄像机的镜头。

▼ 一只狮子的脖子上戴着动物摄像机。

探索无限

科学家们不断地研究新型动物摄像机,希望设计出更小、更轻、功能更强的摄像机。同时,他们也想进一步了解更多的动物。

想象一下,摄像机随雄鹰在天空中遨游,随狗熊在森林中出没,随海豚在海洋中嬉戏,所拍摄到的画面将会是多么的奇妙啊!的确,自然界中有太多的奥秘等待着我们用动物摄像机去探索。

太空探秘

17世纪初,开普勒提出了行星运动三定律。随着科技的进步,对太空的研究也逐渐深入。20世纪,太空研究发展迅速。1961年,苏联宇航员尤里·加加林成为进入太空第一人。在这一部分,我们将简要介绍太空探索的研究小史。

太空探秘

—— Andrew Einspruch

阅读目标

能力训练
- → 写一篇空间探索的观察报告
- → 摘录文中的某项发现，并写一篇新闻稿
- → 向同学们讲述空间探索的知识
- → 讨论本章图片中所包含的信息

知识积累
- → 了解吸引人们进行太空探索的原因
- → 认识科学家和宇航员在宇宙探索中所做出的贡献
- → 了解太空船和宇宙空间站的基本知识

太空中有什么？

仰望夜空，你能看到什么？你可能看到了月亮，看到了闪烁的恒星。有时，甚至能够看见一颗小行星。人们总是想更多地了解神秘的太空。

研究问题的方法多种多样，可以近距离地观察，也可以触摸，还可以做试验。但是，如果需要研究的问题是数百万千米以外的太空，那该怎么办呢？

▼ 小男孩通过天文望远镜与夜空亲密接触。

望远镜

研究太空的方法之一就是观察。凭借肉眼，你可以看到夜空中的景色，你可以看到月亮、闪烁的恒星以及几个小行星。但如果你希望看得更清楚、更遥远些，就需要借助望远镜了。

大小不一的望远镜

通过望远镜，我们可以观察到远距离的物体。望远镜的简单构造是，在镜筒的一端装有一块大凸透镜，在另一端装有一块小凸透镜。用一种普通的低倍望远镜，你就可以观察到月亮上的起伏不平的表面。

恒星
本身能发出光和热的天体，如织女星、太阳等。

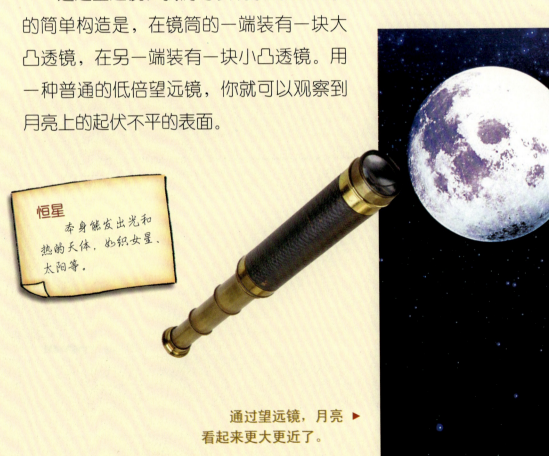

▶ 通过望远镜，月亮看起来更大更近了。

并不是所有的望远镜都是小型的，有的望远镜非常大，以至于需要有自己独立的特殊建筑。这种特殊的建筑称为**天文台**。科学家使用大型望远镜观测遥远的行星和恒星。

天文台
观察天体和研究天文学的机构。

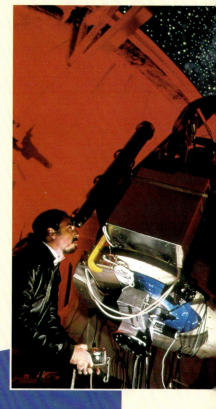

▶ 科学家打开天文台的顶棚，利用望远镜进行观测。

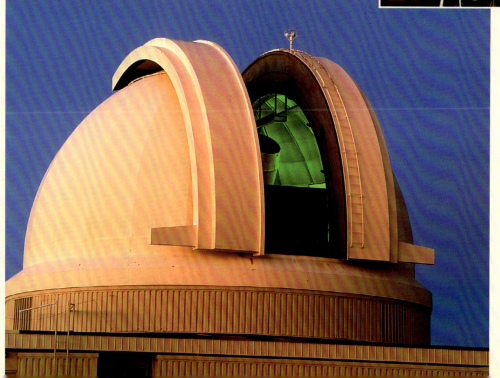

哈勃太空望远镜

在地球上使用望远镜观测时会遇到一些问题，如云、灰尘、城市灯光等会影响到观测效果。为了解决这一问题，科学家们建造了太空望远镜。

哈勃太空望远镜于1990年发射升空，它在离地球表面560千米的轨道上运行。在那里，既没有灯光，也没有尘埃的干扰。

科学家通过哈勃望远镜发射回地球的太空照片，看到了一个奇妙的宇宙。科学家不仅观测到彗星撞击木星，还观测到土星和天王星的周围有卫星环绕。

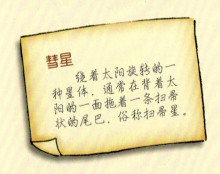

彗星
绕着太阳旋转的一种星体，通常在背着太阳的一面拖着一条扫帚状的尾巴，俗称扫帚星。

▶ 太空船把哈勃望远镜投放到太空中去。

◀ 哈勃望远镜拍摄到的火星照片。

哈勃小知识

✳ 哈勃望远镜有一辆公共汽车那么大，重量大约和两头成年大象的体重差不多。

✳ 哈勃望远镜绕地球环行一周大约需要97分钟，平均每秒运行8千米。

人类遨游太空

当你对一个国家充满好奇时,你可以浏览有关这个国家的书籍或图片,但要想了解她的真面目,就需要身临其境。对于太空,也是如此,了解它的最好方式就是到太空去。

遨游太空第一人

1961年,人类首次进入太空。苏联宇航员尤里·加加林成功地绕地球一周,成为人类历史上第一位进入太空的人。

▲ 1961年4月12日,尤里·加加林进入太空。

第一艘太空船是以火箭为动力送入太空的。首批宇航员学习了如何在失重条件下生活。重力是地球把物体拉回到地球的力量。

失重
物体失去原来的重量。

由于失重,宇航员 ▶
会漂浮在太空中。

登陆月球

月球是距离地球最近的星体,比太阳以及其他行星都要近。科学家把宇航员送上月球,探索月球的奥秘。

登陆月球之前,美国宇航员已经完成了10次太空旅行,对登上和返回月球进行了试验。1969年,两名宇航员阿姆斯特朗和奥尔德林登上了月球,并带回了在月球上搜集到的岩石。

人类最近一次登上月球是在1972年,宇航员乘坐月球车对月球表面进行了探测,行程32千米,从不同地方搜集到的岩石样品重达110千克。

▶ 宇航员奥尔德林于1969年7月20日登上月球。

一名宇航员驾驶月球车在月球表面行驶。

宇宙空间站

宇宙空间站是宇航员在太空研究和生活的地方。它沿地球轨道运行。宇航员一次可以在空间站上连续生活几个月。

国际空间站

国际空间站是由16个国家联合发起的太空研究项目,国际空间站的第一部分于1998年送入太空。2000年,第一批人员进入国际空间站。

国际空间站由好几个大型舱体组成,舱体一个一个被分别送入太空,然后,再组装在一起。宇航员在其中一个舱体中生活和工作,其他舱体作为实验室用,科学家在这些舱体里进行科学试验。

◀ 工作在国际空间站的来自不同国家的宇航员。

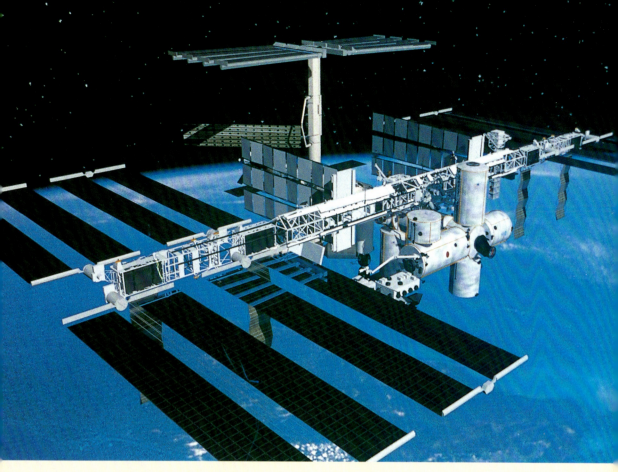

▲ 在太空中将国际空间站的各个部分组装在一起。

宇宙空间站小常识

✷ 国际空间站在距地球表面400千米的轨道上运行。

✷ 国际空间站的科学家研究人如何在失重的情况下生活。

太空中的生活

太空中的宇航员每天要做的事情与地球上一样,例如吃饭、喝水,并且也需要锻炼身体,以保持健康。

空间站的宇航员每天吃三餐饭。坚果和水果类食品的吃法与地球上相同,但其他食品需要干燥保存,以减轻重量、延长保质期。太空食品的包装分量要刚好满足一顿饭的要求。

宇航员每天至少需要运动一个小时。空间站中配有健身器材供宇航员们使用,这些器材包括拉力器,还有跑步机。

包装袋中的宇航食品。▶

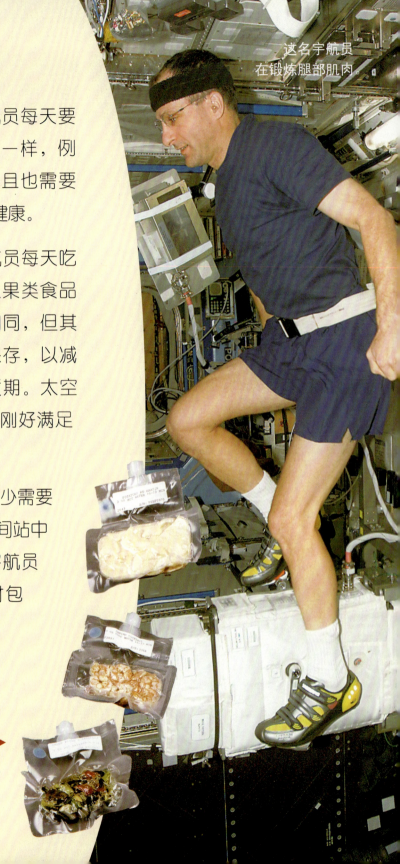

这名宇航员在锻炼腿部肌肉。

太空中的科学

国际空间站是一个良好的科学研究基地。科学家在这里可以更好地研究地球的天气情况。因为在太空中,可以直接观测到云是如何绕地球运动的。

▲ 空间站的科学家可以观测到地球表面覆盖云层的运动情况。

国际空间站的科学家研究生物如何适应失重环境下的生活。例如,科学家研究长时间在太空中生活,对宇航员的身体功能会有什么影响。结果发现,如果宇航员不在太空进行足够的锻炼,返回地球后就很难正常行走。

同时,空间站的科学家也研究植物,观测在失重条件下植物的生长情况。这项研究有助于宇航员探索今后能否在太空中栽种植物,为宇航员提供食品。

◀ 这位科学家正在观测植物在太空中的生长情况。

太空探测器

至今，宇航员还未登陆其他行星，因为它们距离地球太远了。因此，科学家发射太空探测器近距离探测行星。太空探测器是一种无人驾驶的太空船。

第一个太空探测器

第一个太空探测器于50年前被发射进入太空。随后，又陆续发射了其他探测器，分别探测了月球、金星和火星。到目前为止，太空探测器已经探索了太阳系中除冥王星以外的其他所有行星。

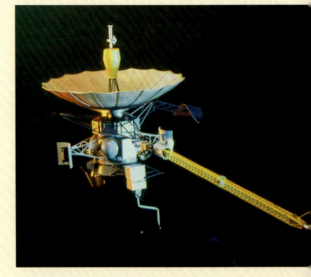

▲ 太空探测器将它拍摄到的行星照片发回地球。

借助太空探测器，科学家观测到了木星上的闪电和风暴，发现土星上环绕有1 000多个光环，还拍摄了海王星上云层的照片。

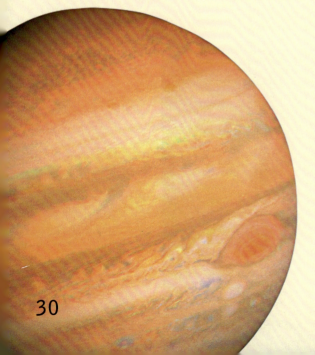

◀ 木星上的这个红斑点是一团永不停息的风暴。

探索火星

一些太空探测器在某个星球上登陆。2004年,两部"漫游者号"太空探测器登陆火星。带有轮子的"漫游者号"机器人探测了火星,并将有关信息发回地球。

在"漫游者号"拍摄的火星彩色照片上,有岩石、火山口以及红色土壤。"漫游者号"上安装了很多复杂的科学研究装备,可以完成自动打孔等工作。这些装备可以帮助科学家更多地了解火星上的岩石。

在火星上,"漫游者号"发现了由水结成的冰。水的发现,令科学家怀疑很久以前在这个星球上是否有生命存在。

▼ 这是"漫游者号"拍摄的火星表面的红色岩石。

▲ "漫游者号"将火星的相关信息发回地球。

太空探测器小常识

✷ 太空探测器需要很长时间才能到达这些遥远的行星。

✷ 木星:2年
✷ 土星:4年
✷ 天王星:8.5年
✷ 海王星:12年

展望未来

人类已积累了很多关于宇宙的知识，然而，浩瀚的太空中还有许许多多的奥秘等待我们去探索。科学家们有许多不同的构想，有的想进一步探索月球，有的想把人送上火星。无论他们有什么样的计划，有一点是可以肯定的，那就是人类探索太空的脚步将永远不会停歇。

▼ 人们利用望远镜观察天上的恒星。

电影特效制作

从制作一场室内暴风雨到制作一场拯救宇宙的战争，电影特效制作人员为我们营造出一个个栩栩如生的场景。为了取得逼真的效果，制作人员需要把视觉特效、声音音效、化装、特技演员以及电脑动画结合在一起。在这一部分里，我们将进入电影制作的世界，了解一些电影制作的"小把戏"。

—— Andrew Einspruch

阅读目标

能力训练
- 结合自己看电影的经验理解电影特效效果
- 从熟悉的电影中选择最喜欢的特效进行讨论
- 在笔记上记录下电影特效的制作过程
- 体验一下几种简单的声音特效

知识积累
- 了解各种技术是怎样运用在电影制作中的
- 认识不同领域的专家在制作不同特效中的贡献
- 能够区分真实和虚幻的电影画面

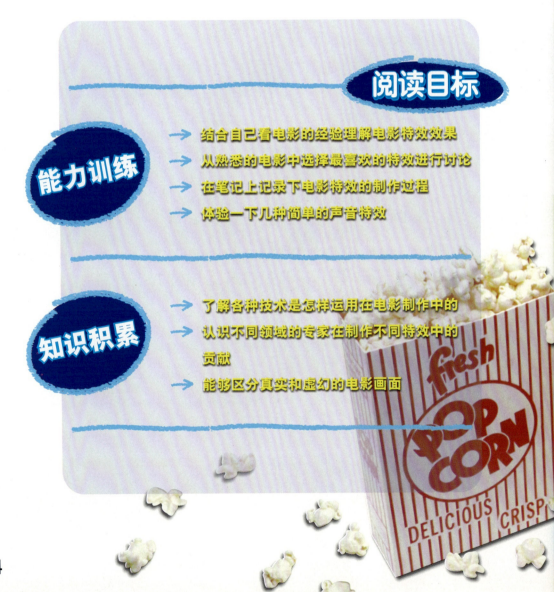

魔幻世界

坐在漆黑的影院大厅里，嚼着香甜的爆米花。银幕将把你带到一个动物唱歌、跳舞的世界。电影是一个魔幻世界，在这里，一切皆有可能。

大家知道，我们看到的电影并不是真实的。有人从楼顶上跳下并飞起来的时候，我们知道演员其实并不会飞，而是借助于其他技术所产生的特殊效果。这个"其他技术"就是"电影特效"。这是电影制作者为了使电影视听效果更为逼真的一种手段。

▼ 特效的应用使电影观赏起来栩栩如生。

视觉特效

　　视觉特效的运用，使我们看到的电影更加逼真。也许你在电影中见过恐怖的暴风雪或怪物在城市中穿行，你甚至会看到老鼠们在窃窃私语。

▼ 制作人员运用视觉特效技术使电影中的闪电变得更加逼真。

天气

天气状况在许多电影中都起到了重要作用。电影制作者不必等到真正适宜的天气才进行拍摄，人们完全可以制造出故事情节所需要的各种天气。

雨天是最简单的特效天气，它所需要的工具仅仅是一个大水管，在演员的上方洒水。

▲ 电影制作者用聚光灯照射雨滴，以便使雨滴更加清晰可见。

制造风的机器是一个大风扇。电影制作者用风扇造风。如果风扇轻轻地运转，所产生的是微风；如果风扇开得很大，则会产生暴风的效果。

风机是最古老的电影特效机器。▶

化装

电影制作者通过给演员化装来修饰演员的相貌。如果需要一些小小的外貌变化，可以戴上假胡子，或佩戴一副隐形眼镜来改变眼睛的颜色。

化装

演员为了符合所扮演的角色的形象而修饰容貌。

有时候，化装可以彻底改变演员的形象。例如，通过化装可以使演员变得比实际年龄老得多。化装师给年轻演员做出皱纹以及花白的头发，这样，演员看起来就成了一位老年人。

▼ 在电影《美丽心灵》中，化装师把罗素·克洛化装成了老年人。

化装师有时也用橡胶面膜来改变演员的形象。面膜可以改变演员的脸形或头形。橡胶面来膜甚至可以把演员化装成怪物或外星人。

▼ 电影《星球大战》中，带上面具的彼得·梅休变成了邱巴卡。

特技动作

有时,电影中会出现惊险的镜头,例如,人从马背上摔下来,撞碎玻璃窗,或者从失事的汽车中冲出来。但是演员没有必要亲自去做这些危险动作,这些惊险镜头可由特技演员替代拍摄。经过训练的特技演员可以安全地表演各种危险性动作。

特技演员具有特殊的技巧,例如,有的擅长从高楼上纵身跳下;有的懂得如何安全地从马背上摔下;有的知道如何安全地撞车。为了达到要求的效果,特技演员需要进行刻苦的训练。

特技演员需要与电影中的演员看起来相像。在拍摄中,特技演员必须穿着电影中演员的服装。通常只能从侧面或远处拍摄特技演员的动作。这样,观众就不容易察觉出镜头中是特技演员了。

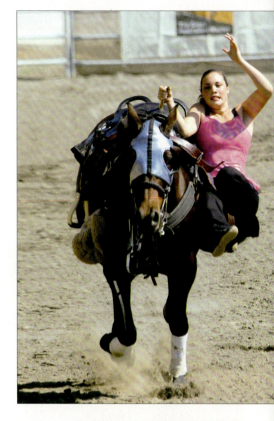

▲ 特技演员在马背上表演特技。

▲ 特技演员懂得如何安全地从摩托车上摔下来而毫发无损。

蓝色屏幕

电影制作者是怎样制作空中飞行镜头的呢？制作这种特效的方法称为"蓝色屏幕"。这需要将一个镜头在两个场景中分别拍摄，然后，再把两个场景组合在一起。具体步骤是这样的：

1. 如果需要拍摄的画面是演员飞跃城市上空，则先拍摄一个城市的景色。

2. 在一个蓝色屏幕前拍摄演员飞行的镜头，演员通过拴着的绳索做出飞行的动作，再加上风机的效果，看起来就像是真的在空中飞行一样！

3. 最后，用电脑把两个场景组合在一起。这时，蓝色屏幕会被去掉，取而代之的是城市的镜头。这样，演员看起来就像真的从城市上空飞过一样。

▲ 演员克里斯托弗·里夫在一幅蓝色屏幕前面表演飞行。

▼ 通过电脑，蓝色屏幕和城市景色组合在了一起，演员看起来就像是在城市上空飞行一样。

模型

有时,电影制作者需要拍摄一些现实中并不存在的物体,例如,古城堡、太空船,等等。所以,需要通过模型来进行拍摄。模型也就是想要拍摄物体的缩小版。

▲ 电影《星球大战》中的太空船模型。大幅照片是同一个模型在电影中的效果。

各式各样的模型被应用在电影中。如果想表现细节的话，电影制作者就采用大型模型；如果只是表现远观的景象，用小模型即可。

电脑特效

如今，电脑特效的使用已经非常普遍了。在电脑特效技术出现之前，只有真实的演员、场景、模型，才能拍摄成电影。电脑技术的使用完全改变了传统的电影制作方式。现在，几乎所有场景，甚至演员都可以用电脑模拟出来。

一切皆有可能

通过电脑特效，可以把一个城镇恢复到一百年前的样子。电脑可以去掉胶片拍摄到的交通灯和交通标志，还可以添加一些复古的东西，例如，油灯和海报。同时，电脑也可以模拟出未来的景象。

◀ 电影《内德·凯利》中火车站的场景。

▼ 通过电脑制作，在场景中增加了站台顶篷、早年的海报及灯光。

电影制作者运用电脑制作出多种视觉特效。他们可以利用电脑制作出动物在交谈的逼真效果，还可以通过电脑把虚拟的角色与真实的演员放在同一画面上。当然，这需要真人演员假装这位虚拟的角色就在身边。在拍完真人演员的表演之后，通过电脑把角色添加在电影中。

电影也可以完全利用电脑制作。如果你看过电影《海底总动员》以及《玩具总动员》的话，你就不会对电脑制作的电影感到陌生了。创作人员用电脑设计出电影中的每幅画面。

▲ 在电影《小猪贝比》中，电脑改变了嘴的运动方式，使它看起来像是在说话。

▽ 《精灵鼠小弟》中的小老鼠就是电脑制作出来的。

声音特效

电影中的声音效果和图像效果同样占有十分重要的地位。看电影的时候，不仅要看画面，还要听演员的对话、各种声音以及背景音乐，所有这些声音组合起来才使电影更加逼真。

音乐

观赏电影时，音乐不但可以改变人的心境，同时，还可以暗示故事情节的发展。例如，当我们看到一扇半掩的门，并且听到了恐怖的音乐，我们会设想可怕的事情将要发生。如果看到同样虚掩的门，传来的是钢琴演奏《生日快乐》的话，我们肯定会联想到欢乐的事情。

▲ 电影拍摄完毕后，还要到录音棚中录制音乐。

添加声音特效

你所听到的大多数声音都是通过后期制作添加到电影中去的。例如，当拍摄两个演员从汽车中出来，然后沿街行走这组镜头时，电影制作者需要尽量录制清楚演员所说的每一句话，而避免其他一切杂音。

但是，如果没有其他声音，电影就会显得很单调。电影制片者在拍摄后期会加入关车门的声音或犬吠声。这种技术叫做声音特效。

拟音录音师

有时，电影制作者为电影合成一些新的声音，合成这种声音的人称为"拟音录音师"。他们的工作就是制作出与电影画面相匹配的声音效果。

尝试一下这个动作：在房间里走动，然后，坐在一把椅子上面。仔细倾听各种你能听到的声音，例如，衣服摩擦发出的"沙沙"声，椅子的"嘎吱、嘎吱"声，脚和地板的摩擦声。

▲ 拟音录音师边看着电影中的画面，边录制用手轻敲车门的声音。

拟音录音师需要录制与动作相吻合的所有声音。为了表现我们所听到的不同声音，需要利用不同的物体制作出不同的声音来。例如，拟音录音师轻轻地踏在松散的地板上，就会发出椅子"嘎吱，嘎吱"的声音，不同的鞋子可以模拟出不同的脚步声。

拟音技巧

你所听到的声音	如何制作这些声音
踏雪的声音	挤压皮革袋子中的玉米粉
火的噼啪声	揉弄玻璃纸
马蹄声	拍击两半椰子
鸟儿扇动翅膀的声音	拍打一副手套

一流的特效

为了制作出真实的视觉和声音特效，电影制作者需要做出很大的努力。下次当你坐在电影院欣赏影片时，看看你能不能讲出电影中的特效是怎样制作出来的。

跟你分享一个评价特效技术的秘密。如果你能说出某个画面采用了何种特效的时候，说明这个特效制作并不十分成功，因为，真正一流的视觉和声音特效观众是察觉不到的！

▼ 下面这幅电影画面采用了哪些特效呢？

深海潜水员

长期以来，人们不倦地探索周围的世界。海洋一直引起人们极大的兴趣，但是，只有新技术的发明应用，才使深海探索成为现实。有了供潜水员进行水下呼吸的机器，以及帮助他们摆脱水压问题的设备，我们才能自由地探索奇妙的海底世界。

深海潜水员

—— Marianne Morrison

阅读目标

能力训练
- 讨论探索和冒险的差异
- 用新学词汇描述海洋及潜水活动
- 学习按事情的发展顺序记录事件
- 学习目击者报道的写法

知识积累
- 了解海洋的分层以及生活在各层中的海洋生物
- 理解新技术与人类海洋探索活动的关系
- 了解深海潜水的发展史

海洋

人类自诞生之日起,就开始不断地探索我们居住的这个星球。对于地球,我们已经不再陌生。我们已登上了世界最高峰,走进了最深的丛林,到达了地球南、北两极。但是如果你认为这已经探索了大部分地球的话,那么,你应该再思考一下。

你知道地球是一个充满水的星球吗?也许你会很惊讶,地球表面大部分都覆盖着水。事实上,地球被水覆盖的面积是陆地面积的3倍。

看看下面这幅地图,蓝色的代表海洋。这是一片巨大的水域。然而,尽管海洋占了地球的大部分,人类对海洋的探索与了解,仍然是十分有限的。绝大部分的海底世界,依然是一个未知王国。

海洋的深度

几个世纪以来,科学家一直在探索海洋。对于海洋的表面或上层部分,我们已经有所了解,但是,海洋表面以下的世界又会是什么样子呢?

大白鲨

蓝鳍金枪鱼

大乌贼

抹香鲸

水母

琵琶鱼

章鱼

鲸

深海水母

三足鱼

海蜘蛛

海黄瓜

注:未按实际比例绘制生物和区域。

海洋分为4个区域。区域不同，海洋的光照度和深度也不相同。

鳐鱼　海马　海龟

透光区靠近海洋的表面，阳光照射量最多，植物和动物的数量也最多。

橘刺鲷　深海斧鱼

半透光区的光线微弱。这个深度的海域越来越黑暗和寒冷，没有太多的动植物。

管水母目动物

黑暗区没有阳光，完全黑暗，非常寒冷，这里生活着奇特的生物。

钓虾　吞噬鳗

深渊鼬

海沟层是海洋最深地带，有些地方将近11千米深！这一层面的生物很少。

越潜越深的潜水员

潜水头盔

人们总是想探索海洋下面的奥秘。最早的潜水员要深吸一口气,然后,屏住呼吸,竭尽全力下潜,直至浮出水面再次呼吸。这种潜水方式,所潜入的深度是很有限的。

1839年,发明了潜水头盔。这种铜制的头盔非常沉,它被连接在一件沉重的潜水服上,通过呼气管将水面上的新鲜空气输入头盔。厚重的靴子带有铅,有助于潜水员潜入深水处,并能够停留。借助头盔,潜水员能在约70米深的地方活动。

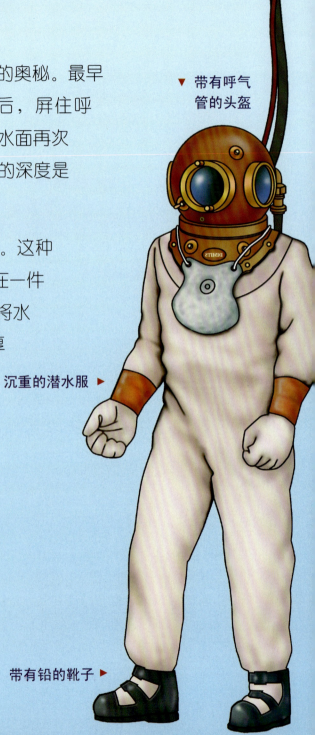

▼ 带有呼气管的头盔

沉重的潜水服 ▶

带有铅的靴子 ▶

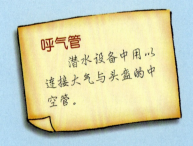

呼气管
潜水设备中用以连接大气与头盔的中空管。

目击者报道

地　点：爱琴海，希腊海岸
时　间：1869年5月

　　潜水员用了30分钟才穿好潜水服，安插了呼气管，最后，戴上了沉重的头盔，并将它固定在潜水服上。潜水员的胸前和背后都挂有负重，靴子的底部也有重物。

　　在其他人员的协助下，潜水员进入水中，借助铅的重量沉了下去。随着他的下潜，空气被泵入头盔。

　　透过头盔上的视窗，潜水员看到了外面的景象：一条鹦嘴鱼游了过来，仿佛想仔细打量这位陌生的客人，还有一群乌贼像是悬挂在水中。

　　最后，他来到离海面70米深的地方。一条鳐鱼从沙质的海底扶摇而上。潜水员开始朝着海绵生长的岩石缓慢地走去，他采集这些海绵，带到岸上出售。

水肺

借助头盔，虽然可以潜得很深了，但笨重的潜水服限制了人们的自由。潜水员梦想有一天能像鱼儿一样在水中畅游。1943年，雅克·库斯托使这一梦想成为了现实，他发明了一种水肺装置。有了这种装置，潜水员可以在水下自由呼吸和行动。后来出现的便携式水下呼吸器是在水肺的基础上发展而来的。

便携式
形体便于携带的。

▶ 雅克·库斯托在做潜水的准备工作。潜水员携带水肺，可以潜到64米的深度。

目击者报道

潜水者：雅克·库斯托
地　　址：地中海，法国海岸
时　　间：1943年6月

　　库斯托把重重的氧气瓶系在背后，戴上潜水面罩，穿上潜水鳍，背负着23千克左右的东西，蹒跚着步入大海。

　　往水下望去，库斯托看到深处有一道峡谷。他用力蹬着鳍开始下潜，就像鱼儿一样在水中游弋。库斯托将气体排出肺部，望着上升的气泡，接着，他做了个深呼吸。成功了！他可以在水下呼吸了！

　　库斯托的梦想终于实现。没有了绳索、导管和沉重的头盔的牵绊，他在水中自由地游弋着、翻滚着。他翻了个筋斗，甚至还用一根指头做了个倒立动作。

吉姆潜水服

潜水员想潜得更深,行动更自如。但潜得越深,越寒冷,同时,由于水的压力,人会感觉到像被压碎一样,这些都是深潜的制约因素。水压是水的重量带给人的压力,潜水员上方的水越多,所承受的压力也就越大。

为了便于潜水员在深海中漫游,有人设计出了另一种特制潜水服。第一位使用这种潜水服的人叫吉姆·贾勒特,后来这种潜水服以他的名字来命名。重金属制成的吉姆潜水服像一件太空服,保护潜水员免受寒冷和压力的困扰。

潜水服的胳膊部位连接有两个金属臂,可以用来提升物体。在内部,潜水员可以呼吸洁净的、可再循环的空气。大多数穿着吉姆潜水服的潜水员都是用绳索从上面放下来的。

▶ 西尔维娅·厄尔穿着吉姆潜水服,用绳索系在小型潜水器上,潜入了381米深的海底。

目击者报道

潜水者：西尔维亚·厄尔
地　址：太平洋，夏威夷海岸
时　间：1979年10月19日

潜水刚刚开始，周围的一切都是蓝色的。厄尔的潜水服被系在小潜水艇上。随着深度的增加，海水的颜色也从蓝色变成灰色，最后，变成黑色。当潜水艇接触到海底的时候，厄尔感觉到了轻微的撞击。

最终，他们停在了381米的深度。领航员放开系着的绳索，她开始自由探索了。

潜水艇发出的光束在海底映射出一个奇妙、美丽的世界。一群长着长腿的亮红色螃蟹随海扇摇摆不定。一条两侧闪着磷光的灯笼鱼游过。厄尔顺着光束看到很远的地方，看到了远处许多闪着微光的生物。还有许多一闪一闪的小鱼从她身边游过。她还发现了一种在黑暗中发光的奇特珊瑚。

在海底探索了两个半小时以后，厄尔返回到海面。

红海扇

红螃蟹

灯笼鱼

越潜越深的潜水器

深海球形潜水器

海洋的某些地方有约11千米深。人们想探究那里的海底世界,这就需要发明能把潜水员带到深海的潜水器。为实现深海潜水,威廉·毕比和奥蒂斯·巴顿发明了深海球形潜水器。

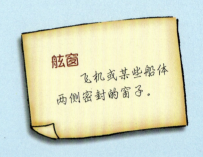

舷窗 飞机或某些船体两侧密封的窗子。

这个奇怪的带有铁链的圆形舱体像是个海底电梯,它可以垂直上下移动,但不能左右移动。深海球形潜水器就像是一只大眼睛,潜水员在内部通过圆形舷窗观察记录每一种游过的生物。

毕比和巴顿是最早到达海洋黑暗区的探索者。在深海球形潜水器内的灯光照射下,他们看到了奇妙的黑暗区。

▲ 威廉·毕比和奥蒂斯·巴顿借助深海球形潜水器下潜到了924米深的海底。

目击者报道

潜水者：威廉·毕比和奥蒂斯·巴顿
地　址：大西洋，百慕大海岸
时　间：1934年8月15日

毕比先从潜水器小开口处伸进头，然后，整个人钻了进去，并在里面给巴顿留出空间。由于里面非常狭窄，他们同时调整了腿的姿势。一切准备就绪后，厚重的门被锁上了。

他们开始下沉，越潜越黑，越潜越冷。接着，他们开始观察这一带生活的奇特生物。一条琵琶鱼游过。继续下潜，几条深海斧鱼借着它们身上"小灯泡"发出的光柱游来。

最后，他们来到了一片漆黑的黑暗区，这里的深度是924米。他们仅仅在那里停留了3分钟，因为剩余的空气刚好够他们游回水面的回程所用。

琵琶鱼

深海斧鱼

深海潜水器

为了能潜得更深,人们发明出了一种小潜艇,称作深海潜水器。它可以上下移动,但是向周围移动略有困难。

1960年,贾奎斯·皮卡德和唐·沃尔什乘坐"特莱斯特号"深海潜水器潜入了将近11千米的海底。他们探索了海洋的最深处海沟区。

从那以后,再也没有人达到这一深度。皮卡德和沃尔什一直保持着这项记录。

▼ 皮卡德和沃尔什乘坐"特莱斯特号"潜入海底。

目击者报道

潜水者：贾奎斯·皮卡德和唐·沃尔什
地　址：太平洋，关岛海岸
时　间：1960年1月23日

在巨大的波浪拍打声中，皮卡德和沃尔什爬上了"特莱斯特号"甲板。早晨8:23分，潜水行动正式开始。

3个小时后，他们到了8.235千米深度，并且继续下潜，越潜越深。

快接近底部时，一种恐惧感充斥着他们的心。如果海洋底部是淤泥怎么办？潜水器将会陷进去，没有人能够挽救他们。他们将会被冻死在这个寒冷漆黑的世界里。

最后，他们来到了海洋的底部，幸运的是他们并没有陷下去。这里是10.919千米，将近11千米的海沟底部。皮卡德向外望了望，看到一条瞪着两只圆圆的大眼睛的比目鱼游过。这么深的地方居然还有生命！

他们在底部停留了20分钟后开始返回。八个半小时后，潜水结束。他们又重新回到了海面。

艇式潜水器

艇式潜水器像一艘小型潜水艇。一旦进入水中,潜水器就可以自由移动。同时,潜水器还装有灯,借助灯光,潜水员可以在水下观看。探测者乘坐艇式潜水器可以在水下停留10个小时左右。

如今,潜水员可以借助各种各样的机器探索海洋。一些潜水器上还配有机器人。研究人员能将机器人送到那些潜水员到达不了的小角落。机器人身上的照相机可以发回照片。

1986年,罗伯特·巴拉德率领的一支科考队探测了"泰坦尼克号"残骸。这艘著名的轮船于1912年失事,发现时它静静地沉睡在3千米的海底深处。巴拉德乘坐"阿尔文号"潜水器进入深海,连同"阿尔文号"下潜的还有"贾森2号",也叫机器人丁丁。

▲ 罗伯特·巴拉德乘坐"阿尔文号"探索3.8千米深的"泰坦尼克号"沉船。

目击者报道

潜水者：罗伯特·巴拉德
地　址：大西洋，纽芬兰海域
时　间：1986年7月

　　花了两个多小时，"阿尔文号"才抵达"泰坦尼克号"。这已经是巴拉德第三次乘坐"阿尔文号"潜水器探测"泰坦尼克号"了，但这次他和他的队伍将利用"贾森2号"机器人探测沉船的内部。

　　他们来到船的甲板处，驾驶着"阿尔文号"慢慢前行，然后，沿着主楼梯下潜。"阿尔文号"停下来，他们把"贾森2号"机器人送入船体。首先，映入他们眼帘的是楼梯平台上方那华丽的大摆钟，接着，看到的是悬挂在天花板上的漂亮吊灯。

　　之后，科考队又进行了10次探险。在船上，他们看到了许多令人惊讶的各种残存物，有吃饭用的大盘子、床、水池、浴缸、门把手以及窗户等。这些都属于昔日赫赫有名的豪华巨轮。巴拉德和他的伙伴是第一支发现并探索这艘著名沉船的科考队。

机器人丁丁在"泰坦尼克号"的一个窗户旁边。

"泰坦尼克号"上的大餐盘。

"泰坦尼克号"的船首

69

深海潜水简史

1. 潜水头盔：用于水下70米。1839年，奥古斯特·西比发明了密封式潜水头盔。

2. 深海球形潜水器：用于水下924米。1934年，威廉·毕比和奥蒂斯·巴顿达到黑暗区。

3. 水肺：用于水下64米。1943年，雅克·库斯托首次使用水肺潜水。

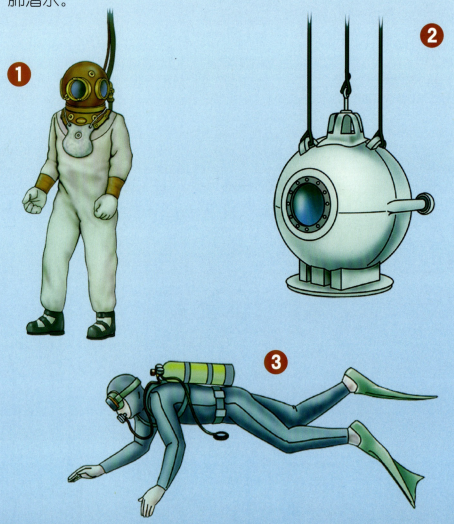

4. 深海潜水器：用于水下10.919千米。1960年，贾奎斯·皮卡德和唐·沃尔什到达海沟底部。

5. 吉姆潜水服：用于水下381米。1979年，西尔维娅·厄尔穿着吉姆潜水服完成了最深的只身下潜。

6. 艇式潜水器：用于水下3.8千米。1986年，罗伯特·巴拉德乘坐"阿尔文号"探测"泰坦尼克号"。

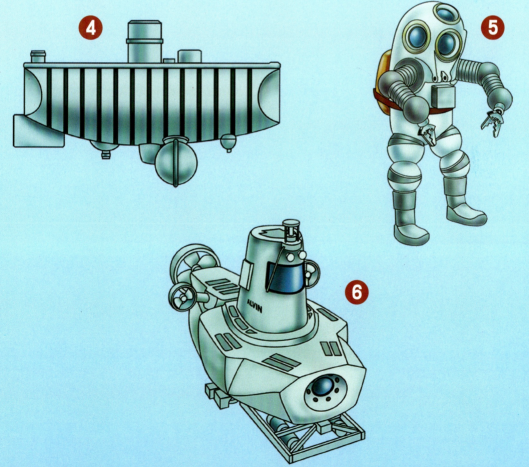

活动空间

读图思考

1 科学家从动物摄像机里能获得哪些信息？

2 太空探测器如何帮助我们了解太空？

3 你最喜欢的电影特效是什么?

4 发明类似于图中这样的潜水器的目的是什么?

阅读训练

动物摄影师

根据原文内容,选择正确答案。

1. 动物摄像机 _____。
   a. 安装在动物身上
   b. 能够记录动物日常行为
   c. 必须非常坚固耐用
   d. 上面的说法全部正确

2. 为鲸准备的动物摄像机包括 _____。
   a. 一只背包
   b. 头灯和录音机
   c. 警报器
   d. 上面的全部包括

3. 除了下面的 _____,其他方法都可以用作安装动物摄像机。
   a. 借助背包
   b. 使用螺栓
   c. 使用吸盘
   d. 戴在脖子上

4. 狮子通过 _____ 来保证摄像机镜头的清洁。
   a. 喝水的时候向镜头泼水
   b. 在叶片上摩擦镜头
   c. 不把镜头弄脏
   d. 舔舐镜头

根据描述,选择对应的名词。

5. 记录动物的交流 _____   a. 吸盘
6. 记录周围环境的信息 _____   b. 录音机
7. 把摄像机固定在鲸身体上 _____   c. 环境感应器
8. 显示动物的行为和它们看到的东西 _____   d. 视频记录仪

太空探秘

根据原文内容，选择正确答案。

1. 安装有一台大型天文望远镜的建筑称为_____。
   a. 空间站
   b. 月球漫步者
   c. 轨道
   d. 天文台

2. 太空探测器着陆并探测了_____。
   a. 土星
   b. 木星
   c. 火星
   d. 水星

3. 哈勃太空望远镜比其他的太空望远镜得到的照片清晰是因为_____。
   a. 它是有史以来制造的最大型的望远镜
   b. 它的轨道不受乌云和城市灯光的影响
   c. 它的镜头清洗的频率比较高
   d. 它使用X射线穿过云层成像

4. 阿姆斯特朗和奥尔德林登陆月球的时间是_____。
   a. 1969年
   b. 1972年
   c. 1997年
   d. 2004年

按照正确的顺序排列下面的事件。把字母a～d填写在横线上。

5. "漫游者号"探索火星表面　　_____
6. 人类第一次进入太空　　　　_____
7. 发射哈勃太空望远镜　　　　_____
8. 航天员开始进入国际空间站生活　_____

电影特效制作

根据原文内容，选择正确答案。

1. 电影化装师能够 _____。
   a. 把一名演员变得很老
   b. 把人装扮成怪兽
   c. 改变一名演员眼睛的颜色
   d. 上面的都能做到

2. 最简单的特效天气是 _____。
   a. 闪电
   b. 下雨
   c. 龙卷风
   d. 雾天

3. 为了使一名演员在电影上看起来好像在飞，电影制作者使用 _____。
   a. 大风扇
   b. 蓝色屏幕
   c. 磁力悬浮
   d. 上面的全不对

4. 在电影中，会说话的动物是通过 _____ 制作的。
   a. 蓝色屏幕
   b. 模型
   c. 电脑
   d. 特技演员

根据原文内容，选择相应的特技效果。

5. 影响电影视觉感受的制作手段 _____   a. 模型
6. 某个事物的缩小版本 _____   b. 视觉特效
7. 电影中另外加上的声音 _____   c. 特技演员
8. 表演危险动作的演员 _____   d. 声音特效

76

深海潜水员

根据原文内容，选择正确答案。

1. _____ 生活的动植物最多。
   a. 透光层
   b. 半透光区
   c. 黑暗区
   d. 海沟层

2. 深海球形潜水器看起来像 _____ 。
   a. 洗澡盆
   b. 太空服
   c. 大鲸鱼
   d. 大眼睛

3. 下面的 _____ 能保护潜水员免遭水压的困扰。
   a. 水肺
   b. 潜水头盔
   c. 吉姆潜水服
   d. 灌有铅的潜水靴

4. "泰坦尼克号"沉船的内部是利用 _____ 进行探索的。
   a. 吉姆潜水服
   b. "贾森2号"机器人
   c. 深海球形潜水器
   d. 水肺

选择与这些发明或最早使用者相对应的潜水设备。

5. 罗伯特·巴拉德　_____　a. 艇式潜水器
6. 雅克·库斯托　_____　b. 水肺
7. 贾奎斯·皮卡德和唐·沃尔什　_____　c. 吉姆潜水服
8. 吉姆·贾勒特　_____　d. 深海潜水器

写一篇目击报道

日常生活中，我们都会亲历许多事件。把在事件过程中所见、所闻的一切记录下来，就是一篇你的目击报道。在本书的《深海潜水员》部分，有很多潜水员的目击报道。你一定被这些目击报道吸引住了吧。

下面，动手写一篇你自己的目击报道吧！

报道主题：夜空探秘

选择时间地点：选定一天晚上（需要家长的陪同），在家里的庭院中。

目击内容：
1. 夜空整体的描述。
2. 分布的星星数量多少，其分布情况怎样？
3. 有无流星划过？

也许这天晚上，你还会有其他发现，这些都要如实地记录在你的目击报道中。最后，你还可以总结一下自己的所见、所闻，写一下自己的感受。当然，你还可以选择其他主题，甚至报道你在上学路上所看到的突发事件。

星级评分 评分项目	★	★★	★★★	★★★★	★★★★★
地点的选择					
时间的选择					
目击内容的真实性					
描述的准确性					

参考答案

动物摄影师	dbbd	bcad
太空探秘	dcba	bcda
电影特效制作	dbbc	badc
深海潜水员	adcb	abdc

索 引

电影特技 33～35，37

哈勃太空望远镜 22

化装 33，38～39

吉姆潜水服 58，71

鲸鱼 8，10，14

漫游者 31

模型 42～44

企鹅 8～10，12～13

摄像机 5～12，14～16

深海潜水器 64，71

水肺 56，70

狮子 15

探测器 30～31

失重 24

艇式潜水器 66，77

吸盘 10

宇宙空间站 18，26～27

月球 25，30，32